예수를 리메이크하다

문세정 시집

문학세계사

□ 시인의 말

배 한 척을 만들기 위해

날마다

죄 없는 숲을 파헤치고 있다

고단하고 막막한 일이지만

가끔 구름이 다녀가고

아직은 손톱이 건강해서

참 다행이다

문 세 정

*차례

1 조지 오웰식으로

3 텅tongue 쇼크

1

조지 오웰식式으로

미확인 비행물체

방금 신문 위에 떴다 사라진 그림자

눈 한 번 감았다 뜨는 사이

가볍게 신문 한 부를 통독하고

시간 저편으로 휙― 사라진 그것

날아가면서 활자 몇 개 물고 갔는지

읽던 칼럼 앞뒤가 연결되지 않네

몇 번이고 반복해 읽어도

그림자만 어른거릴 뿐

도무지 요약이 되질 않아

다음 면으로 넘어가지 못하네

인디언 보호구역에 갇히다

그날 내가 인디언 숲에 첫발을 내딛자
나무들은 두려운 듯 종소리를 내기 시작했다
그런 게 아니라고, 누굴 해치려던 게 아니라고
다급한 몸짓으로 설명했지만
내 어설픈 수화로는 그들을 설득할 수 없었다
삽시간에 거리를 좁혀오는 수천수만의 눈들이
누구냐, 원하는 게 뭐냐, 추궁하는 통에
난 도리 없이 기어들어가는 소리로 자백했다

사실은 우거진 숲이 탐났다고
난생 처음 애인을 열어보던 그날처럼
나도 몰래 그만 욕심이 생겼다고
도저히 눈을 뗄 수 없었다고……

말끝을 흐리는 순간
벌 떼처럼 날아오는 나뭇잎화살
이파리 사이 나무껍질 속에 숨어 있던
복병들이 일제히 활시위를 당겼다

그 자리에서 바위처럼 웅크린 채
눈멀고 귀먹어
난 그만 벌집이 되었다

겁 없이
함부로 기웃거린 죄값은 생각보다 무거웠다

비둘기 씨의 집

그의 집은 비둘기색 소파다 소파에서 하루 종일 먹고 자고 여가활동까지 한다 화장실에 갈 때를 제외하곤 그는 거의 소파에서 일어나지 않는다 만일 소파 밑에 화장실이 설치됐더라면 그의 동선은 지금보다 훨씬 짧아졌을 것이다 어쩌다 잠시 몸을 일으켰다가도 불안한 듯 그는 서둘러 제 위치로 돌아오곤 한다 소파는 이미 오래 전부터 그의 영역이었으므로 아무도 그 주변을 얼씬대지 않는다 실업의 날들이 계속되면서 그가 먼저 누군가를 공격한 적은 없지만 리모컨으로 화면을 조정할 때만큼은 매우 날카롭고 공격적이다 그런 날은 어김없이 전화코드가 뽑혔고 관리실 방송용 스피커나 인터폰 스위치가 알아서 꺼졌다

그런 그가 어느 날 제 둥지를 버리고 가출했다 태양이 온도를 높이며 둥지를 데워놓았지만 비둘기는 끝내 돌아오지 않았다

나비는 고정관념에 빠지지 않는다

나비가 날자
차선이 지워지고
중앙분리대가 사라지고
늘 공사 중이던
"통행금지"가 해제되고

나비를 따라 부드럽게 유턴하며
간판을 읽어가다 보니
"습관"이 "관습"으로 읽히고
광장 탑
시계바늘이 반대방향으로 돌고

돌고 돌다 보니
지상의 모든 경계가 사라지고

서울에 사는 플라워 피플

땡볕 한낮, 사당대로변에 앉아
식빵을 먹으며 비로소 난 빵의 참맛을 알았지
줄어드는 빵의 속도만큼
분주한 발길과 자동차 행렬이 이어졌지만
내 귀엔 그 어떤 소리도 들리지 않았어
정수리 위로 불볕이 내리꽂히는 데다
빵조각을 씹는 것만으로도 너무 바빴거든
물 속같이 조용한 도심 한복판에서
추억처럼 한 장 한 장 꺼내 먹는 식빵
햇볕에 구워지는 대로 한 쪽씩 떼어 주고 싶은,
먹으면 먹을수록 헛헛해져 자꾸 손이 가는 맛
참을 수 없어, 아무렇게 주저앉아 빵을 먹다 보면
손톱 밑에 낀 땟국처럼 얼룩진 시간이 씹히기도 하고
잃어버린 집을 떠올릴 때마다 모래알이 자금거렸지
늘어뜨린 머리카락 사이로 불화살이 꽂히는 사막도시,
그 틈 어딘가 꽃을 피우려는 열망이 내겐 아직 남아 있어
오늘도 지열을 견디며 줄기를 세우고 뿌리를 뻗지
모두 바삐바삐 지나가고 있는 사막 한가운데 앉아

맨식빵을 뜯어먹으며 마침내 나는 알게 되었지
아무리 유효기간이 지난 빵이라도
갓 구워낸 것처럼 맛있게 먹는 법을
어느 순간 문득 깨달았지
길거리표 식빵 속엔
그리움을 삼키고도 남을 만큼
무서운 식욕이 숨어 있다는 사실을

압축파일을 풀다

가구공장으로 들어서니 톱밥 산이 앞을 가로막았다
숨 고를 틈도 없이 천장까지 이어진
보루네오산 원목더미, 꼬부라지고 조각난
나무 조각들이 산더미를 이루고 있었다
구불구불 이어진 샛길 사이로 들어서면
사이프러스 소나무향이 숲을 안내하고
참 참 나이테 퍼즐을 맞추고 있는
루브라참나무, 토막난 기억은
늘 보루네오 숲에 닿아 있다 가늘게
새소리가 들렸던 것도 같은데
갑자기 컨베이어 벨트가 달려들어
생각을 끊어놓는다 순간
와르르 무너지는 톱밥 산
뒤엉킨 기억들을 끌어안고
프레스 기계로 빨려들어가는
순간부터 우린 이미 합판이다
오십 년생이니 백 년생이니
이력을 따질 것도 없이

나이테를 버리고
한 틀에서 다시 태어난다

조지 오웰식式으로

하늘 깊어, 폐 속까지 보이는 날
사랑동물병원 원장이 유리창을 닦고 있네
흰부리 유리딱새처럼 날개를 펴고
미끄러운 허공을 오르락내리락하네
닦고 나면 또다시 꽃가루가 내려앉아
날갯죽지가 축축해지는 봄날 오후
사랑동물병원은 투명한 감옥으로 변하네
오직 유리창을 통해서만 밖을 볼 수 있는
열린 감옥, 하루 종일 갇혀 있는 그를 위해
가끔 푸들이나 페르시안 고양이
애교 만점 햄스터가 면회를 가네
딸랑딸랑 신호를 보내며 달려가
재롱을 떤다네

그러나 오늘처럼 방울소리가 나지 않는 날엔
안경을 고쳐가며 유리창을 닦네
정말 완연한 봄이군
혼잣말을 하며
그의 부리는 갈수록 뭉툭해지네

우기_{雨期}

고층 아파트 베란다 난간에서 꽃무늬차렵이불이 비를 맞
고 있다 우산도 없이 프리다 칼로 공원에 앉아 있던 블라우
스처럼 고스란히 젖는다 흥건해진다 속으로 구름을 키우
며 사는 것들은 원래 빗물에 약한 법

이불 속 드라이 플라워되었던 꽃잎들 선명하게 몸 불린
다 난간에 매달린 줄기가 불안하지만 보송보송하게 굴어
야 할 내일을 위해 지금은 흡수 맘껏 흡수

기공을 활짝 열고 자리 편 이상 이미 난 젖은 솜, 양팔저
울에 슬픔의 무게를 달아볼까, 그동안 사랑인 줄 알고 키워
온 구름이 너무 무거워

주르륵 흘러내릴 것 같다 더욱 거세지는 빗줄기

불심검문을 받다

그를 면회하고 돌아 나오는 밤길
안양교도소 담장은 한층 높고 튼튼해져 있었다
도저히 오를 수 없는 라포르스 성벽처럼
높이 솟아오른 공중 탑과 지상 곳곳에서
완전무장을 한 눈들이 바람의 움직임까지 감시한다
감시의 눈길은 어느새 내 걸음걸이를 고치게 만들고
공연히 주위를 살피게 하고 폭풍 전야처럼
제 스스로 내부단속에 들게 한다 교도소 안에서만큼은
바람조차도 말수를 줄이고 차분해져야 한다는 걸
순순히 몸을 낮춰야 한다는 걸 이미 터득한 것일까
한 걸음 한 걸음 어둠을 가두어나가는 담장 아래

지금까지 용케도 법망을 피해가며 살아온 나를,
매순간 알게 모르게 불안했던
내 행적을 담장 가로등이 또박또박 조명한다
거리를 좁히며 더욱 끈질기게 따라붙는
불빛레이더, 습관처럼 외투 깃을 세우며 위장해보지만
오늘따라 분명하고도 마땅한 알리바이가 떠오르지 않아

자꾸만 시선이 흔들리는 저녁

정작 감시와 단속이 필요한 곳은
적막에 든 교도소 안쪽이 아니라
바로 내가 서 있는 이곳,
시끌시끌한 담장 바깥쪽이다

늪

햇빛 잘 드는 창가, 꿀병에 빠져 있는
애집개미의 눈에 내가 비친다

늘 달콤한 인생을 꿈꾼 건 사실이지만
꿀병에 빠져보긴 난생 처음

오늘은 정말 운수대통한 날이야
살다보니 이런 횡재도 있네

허겁지겁 꿀을 삼키다보니
나중엔 꿀인지 물인지

물리고 질려, 달콤한 인생?
알고 보니 별거 아니네

돌아서서 출구를 찾는데
악령처럼 사지에 달라붙는 꿀

애시당초 빠져나갈
구멍 하나쯤은 뚫어 놓았어야 했다

예수를 리메이크하다

그는 늘 트로트 찬송가를 부르며 나타난다
목에 걸린 소형 녹음기 반주에 맞춰
노래를 부르며 지하철 4호선 구간을 뱅뱅 돈다
칸칸마다 음표처럼 서 있는 사람들 사이로
하루 종일 연속 재생되는 그의 노래
언젠가, 눈앞이 온통 암흑으로 변하고
자기도 모르게 목울대가 약해지고부터
그의 찬송가는 트로트 버전이 되었다
〈샤론의 꽃 예수〉를 4분의 4박자로 꺾었고
흥겨운 대목에선 바이브레이션을 넣기도 했다
한 소절 한 소절 깜깜한 세상을 귀로 읽으며
새 음표를 붙이고 장조를 바꾸다 보면
아주 가끔씩 바구니 속으로 떨어지는
동전소리도 그의 귀엔 취타악기음으로 들렸다
퇴근길 풀죽은 몸들을 싣고
지루한 음보로 달리고 있는 객차 안
아주 느린 몸동작으로 악보를 넘기듯
다음 칸을 향해 그가 나를 지나쳐 가고

중간 중간 박자를 놓친
지하철이 황급히 허리를 틀며 그의 뒤를 따르고 있다

전지剪枝

차도와 인도 사이
화백나무 군단이 스크럼을 짜고 있다
줄자를 대고 자른 듯
길게 도열한 초록사병들
예고 없이 날아오는 속도를 막아내려면
철저히 키를 맞추고 한 몸이 돼야 한다고
잠시라도 딴생각을 하는 날엔
혹독한 대가를 치르게 될 거라고
누군가 끊임없이 경고하지만
어디에나 튀는 자들이 있기 마련
봐라, 단속반이 지나갈 때마다
길바닥에 뒹구는 가지와 새순
뒹굴면서 아직 시퍼렇게 눈뜨고 있는
잎들을, 잠시 호기심어린 눈으로
대열 밖을 기웃거리다가
느닷없이 날아온 엔진톱날에 뎅겅뎅겅 잘려나간
한낮의 비극, 반드시 기억해야 한다

엄격한 집단에 들수록
말을 아끼고
몸 사려야 한다는 사실

실　종

카센터 사내는 승합차 밑으로 기어들어가
볼트를 조이기 시작했다
홈과 볼트가 맞물릴 때까지
더듬더듬 허공을 조여들어가는
그의 눈이 갱 속 광부鑛夫처럼 빛난다
뭔가 짚이는 구석이 있어서일까
차를 떠받치고 있던 상체가 스크루가 됐다가
저절로 풀리며 일자 드라이버로 변하기도 한다
은색 볼트가 회전하는 방향을 따라
늘어져 있던 오후가 감기고
기름 공기 속 둥둥 떠다니던 소음들
고분고분 빨려드는 것 같지만
끝까지 안심할 수 없다
이렇게 순순히 잘 맞아 들어가다가도
뾰족한 생生의 나사들은
예측할 수 없는 곳에서 곧잘 틀어지지 않던가
엉뚱한 홈에 끼여
빼도 박도 못할 때가 많지 않던가

한 걸음 한 걸음 세상을 조여들어가는 동안
사내의 목에 볼트 주름이 잡히고
어느 순간 빳빳한 작업복을 빠져나온
그가, 마침내 볼트가 된
사내가 서서히 구멍 속으로 사라졌다

속이 허전할 땐 매봉암으로 오세요

매봉암 입구 엿 가판대에는 주인이 없답니다
주인이 따로 없으니
호박엿, 땅콩엿, 들깨엿…… 고르는 것도 내 맘
엿 값도 자기 형편대로 종이상자에 넣으면 되지요
깎아 달라 더 달라 흥정할 필요 없이
누구에게나 훤히 열려 있으니까요

방금 전에는 곤줄박이 떼가 몰려와
땅콩 값으로 나뭇잎 몇 장 놓고 갔구요
입소문을 듣고 찾아온
흰뺨관수리는 배짱 좋게 외상이에요

그러거나 말거나
아무도 눈치 주는 사람 없이
자유롭게 사고파는 신개념의 셀프매장
언제나 개방되어 있는 만큼
매봉암 안에선
뭐든지

사고팔 수 있죠 우거진 숲과 하늘
시원한 계곡물까지 게다가 말만 잘하면
새들과 풍경소리는 덤이랍니다

이래저래 입맛 쓴 세상
주머니 가벼운 날이나
속이 허전할 땐
청산행 버스를 타고 매봉암으로 오세요

회중시계

노인이 염전 수레바퀴를 밟아 돌리고 있다
등이 휠 때까지
제자리에서 걸어온 길을 계속 되밟는다
먼 산을 보며 발을 놀려도 노인은 잘 안다
바퀴의 몸 어디쯤 상처가 있는지
어느 뼈가 휘어졌는지 눈감고도 훤하다
굳이 무슨 말이 필요하나
관절 꺾이는 소리 자주 들리고부터
바퀴 돌아가는 속도가 느려지고 있다

소금 사막에서 산다는 것은 곧 속도를 조절하는 일

느릿느릿 노인이 끌고 온 길이 바퀴 속으로 감기고
거품을 일으키며 짠물을 토해내던
수레가 어느 순간부터 노인의 발을 돌리고 있다

퉁퉁 불어터진 상처를 피해가며
노인을 태운 수레바퀴가 노을 속으로 굴러가고 있다

2
시끄러운 손님

눈물옹이가 있던 자리

왼쪽 눈 밑에 있던 점을 뺐다

속울음이 고이고 응고되어

씨눈처럼 박혀 있던 자리

빼낸 점만큼 살이 패였다

워낙에 뿌리가 깊었어요

의사는 흐트러진 속살을 다독거린 후

분말소독약을 뿌렸다 마침내

내 몸에서 눈물옹이 하나 빠져나갔다

빵만으로도 살 수 있다

정오의 갯벌이 태양오븐에 구워지고 있어요
호밀반죽처럼 빵빵하게 부풀어오른
진흙구릉 표면마다 기포를 일으키며
속까지 노릇노릇 익어 가는데, 저런
눈치 빠른 방게들 벌써 냄새 맡았나
한 놈 두 놈 어느새 친구의 친구까지
귀엣말을 나누며 꾸역꾸역 몰려드네요

몇날 며칠 숨 안 쉬고 먹는다 해도
양이 찰 것 같지 않았는데
막상 빵 냄새 진동하는 마을 앞에 서니
어느 골목으로 들어서야 하나
어딜 파고들어야 지독한 허기를 채울 수 있을까
엄두가 나질 않아

발소리를 죽이며 다가가자 미리 점찍어 둔
구멍으로 붉은 집게발들 속속 들어가네요
서로 약속이나 한 듯 제 집으로 들어가

말랑말랑한 머드빵의 속살을 뜯어먹다가
웅크린 채로 등을 눕히는

햇볕에 잘 구워진
포구 갯벌은 그리움이 깊어져
갑각류가 된 것들의 밥이자 집이랍니다

시끄러운 손님

지하 월셋방 첫 잠 속으로 소음이 날아왔다
습관처럼, 지나가는 소리겠지
흘려들으며 달아나는 잠을 끌어당기는데
다시 누군가 다급하게 창문을 두드렸다
정말이지, 싸구려는 질색이야!
너무 성가셔, 덮고 있던 어둠을 확, 젖히자
머리부터 들이미는 바람, 순간
내 안의 문짝이 덜컹거려
콘크리트 벽처럼 서 있는데
이번엔 바람의 친구가 잔뜩 취해서 찾아왔다
그리고는 다짜고짜 출입문을 걷어차고 맞지도 않는
열쇠구멍에 손을 집어넣으며 제집이라고 우겼다
나야, 문 열어, 이 문 당장 열지 못해, 나쁜 년!
혀 꼬부라진 소리로 사정하다 협박하다
계단을 깨우고 계단 구석에서 말라 죽어가던 벤자민을
깨우고
이미 깨어 있던 것들까지 한 번 더 깨워놓고는
마침내 바람과 함께 비틀비틀 사라졌다 어둠 속으로

그들의 발소리가 완전히 사라질 때까지
숨죽이며 지켜보던 계단과 벤자민과 깨어 있던 것들
모두 제자리로 돌아가고 나자
다시 동굴이 된 반지하 쪽방
내일 아침에도 해를 보긴 글렀군
중얼거리며 눈 깊은 짐승처럼
나는 또 그렇게 내 속으로 파고드는 것이었다

내 속의 이물질

왼손바닥에 가시가 박혔다
한순간 나를 뚫고 들어온
남의 살이 자릴 잡느라 마구 쑤신다
손바닥에서 시작된 통증은 전신으로 퍼지고
머릿속엔 온통 가시를 빼내야 한다는 생각뿐

가시는 이제 손바닥을 뚫고 들어가
몸 구석구석 돌아다닐 것이다
혈관을 타고 체관을 타고
몸 속 우주를 떠돌다
뼈에 붙어 뼈가 될 것이다
살에 묻혀 살이 될 것이다

밝은 곳에 앉아 바늘로 쪼아보지만
뽑히는가 싶으면 들어가고
빠졌나 하고 보면 더 깊이 들어가
가시는 이제 흔적도 없다
다만 잠시 밀려났던

살갗이 제자리를 찾느라 욱신거릴 뿐

내 몸 속엔
그런 가시들이 아주 많다

아베코보가 사라진 길

귀가 후 모래옷을 벗는다
모래외투 모래브래지어 모래팬티까지
모조리 벗고 나자 방바닥은 온통 모래투성이
하루 끝에 묻어온 모래 먼지바람 눈이 따갑다
맨몸이 되어서도 모래는 계속 쏟아진다
발걸음을 옮길 때마다
귓속에서 목구멍에서 머리카락 사이에서
끊임없이 쏟아져 키를 넘긴다

내 방은 곧 사각의 모래무덤이 되고
나는 갇힌다, 미라처럼 갇혀서
모래 흐르는 소리 듣고 있는데
들릴 듯 말듯 이어지는 웅얼거림
가만히 실눈을 뜨고 보니
모래알갱이 틈에 사람들이 숨어 있었다

늦은 귀가길
지하철에서 골목에서

모래 틈에 묻어온
어디서 본 듯한 그들

일 몰

어스름 무렵, 가위개미
제 몸집보다 큰 벚꽃잎을 지고
길 한복판에 죽은 듯 서 있다가
흙먼지 일어나는 바람에 기우뚱

등에 진 벚꽃이불 날아갈라
한동안은 거뜬히 덮을 텐데

힘주어 사방을 끌어당기는 사이
남아 있던 길 얼룩얼룩 지워지고
가위개미도 지워지고
벚꽃이불 속으로
마침내
나도 지워지고

스피드 복제

찰칵,
짧은 인광이 내 몸을 통과하자
곧바로 나는 가로 3cm 세로 4cm로 축소되어
유리판 위에 놓여졌다 아주 순식간에

내게서 찍혀 나온 나
따뜻한 체온이 느껴지는
그가 유리판 위에서 나를 뚫어지게 바라본다
익숙하면서도 어딘지 모르게 낯선 눈빛
최초의 나와 지금의 내가 대면하는
설레는 순간이다 알 수 없는 이끌림으로
또 다른 자기를 경계하듯

압축되었던 시간이 풀리고
잠시 가열되었던 몸이
평상으로 돌아오자

이제부터 나를 대신하고 증명할
그가 빠른 걸음으로 사진관을 빠져나갔다

상자 이미지

크기가 다른
알록달록한 종이상자에 시간을 정리해둔다

잘 익은 앵두빛 상자를 열면
스무 살적 그와 함께 훔쳐 두었던
붉은 태양이 아직도 생생하게 꿈틀거리고
얼굴이 비치는 코발트색 상자엔
내가 건너다 만 바다가 출렁출렁 담겨 있다
바다와 함께 줄줄이 딸려 온 자갈과 모래알들
그 중 거반은 시간 물살에 쓸려가 버렸고
더러는 바닥으로 가라앉아 별이 되기를 꿈꾼다

밤이 되면 내 방은 오케스트라 무대가 된다
어느덧 각양각색의 상자에서 새어나온
파도소리 바람소리 백 뮤직으로 깔리고
초침박자에 맞춰
모래와 조개껍질이 부딪치는 경쾌한 마라카스

담아두고 싶은 것이 많은 만큼 상자는 늘어나고
갈수록 내 방은 좁아진다 문득 한밤중에 깨어보면
상자 틈에 간신히 누워 있는 나를 발견하기도 하고
뒤척이며 돌아눕는 순간 상자가 입을 벌린 채
나를 향해 달려들기도 한다 그렇다고
시간을 내다 버릴 순 없는 일

차라리 나도 상자가 되기로 마음먹었다

모델 하우스

언덕 너머에 묘지가 있었네
아침 일찍 밀려온 섬처럼
푸르게 떠 있었네
가장 높이
깃발을 꽂고 있는 망초섬
새 혓바닥 모양의
풀을 키우고 있는 제비섬
둥글둥글 떠 있었네
오랜 항해를 끝내고

물결처럼 잔잔해지고 나면
마침내 나도
저런 섬 하나 가질 수 있을까
둥근 나의 집으로
새와 나비들 불러들일 수 있을까
생각해 보네
풀물이 들도록
몸을 말고

음지식물

난 이상하게 어두운 곳이 좋더라
빛이 한발 비껴간
골방 골목 골짜기——
그런 곳에 있다 보면
어느새 맘이 편해지더라
정면에서 쏘아대는
햇빛 불빛 눈빛——
그런 것들은 뾰족한 가시 같아서
어딜 가나 구석지고 은밀한 곳을 찾지
굳이 설명하자면
적당한 고립을 즐긴다고나 할까
아무튼 어느 정도
가려진 공간에 있을 때
맘이 편하고 차분해지더라
내가 너무 폐쇄적이라고?
그렇게 보이더라도 할 수 없지

아주 오래 전
엄마 뱃속에 있을 때부터 그랬으니까

조나단 소행성

인도 카르타나 해변에서 새알 모양의 돌을 보았다
언젠가 고향 바닷가에서 본, 붉은부리갈매기 알을 닮은
돌멩이가 젖은 생각들을 말리고 있는 내게 말을 걸어왔다
반가운 마음에 손을 내밀자 따뜻하게 감겨온다
실핏줄처럼 퍼져 나간 잔금 사이로
해풍의 부리자국이 군데군데 찍혀 있을 뿐
먼 바다를 건너오는 동안
갈매기 돌은 더욱 단단해져 있었다
눈, 코, 입 모두 몸 속에 집어넣고
내 앞의 바다를 저어나가다 보면
나도 저 갈매기 돌처럼
매끄럽고 단단해질까
겨드랑이 깊숙이 해를 품고
골똘히 앉아 있다 보니
새삼 붉은 기운이 솟고
아주 오랜만에 느껴지는 피의 힘
수평선이 잠깐 눈을 감았다 뜨는 사이
서쪽 하늘 가득 핏빛 낭자하고

어느새 단단한 알을 깨고 나온
날개, 깃털처럼 가벼워진
내가 서녘으로 힘껏 날아오르는 것이 보였다

주워 담을 게 따로 있지

겨우 한 사발의 물을 엎질렀을 뿐인데

숨 안 쉬고 마시면 몇 모금의 양인데

쏟아진 물은 원목식탁을 흠뻑 적시고도 남았다

가물었던 땅에 빗물 스미듯

순식간에 몸을 불리며 뿌리를 찾아가는

물의 힘, 한 사발의 물이 사라지면서

나뭇결 위에 자취를 남기는 것처럼

나 또한 여기 머물었던 흔적만 남길 뿐

내 시간도 창 너머로 사라지는 것을

햇살 촘촘한 날

나무의자에 앉아 무심히 바라보았다

산동네 야경夜景은 포구로 변한다

한동안 객지를 떠돌다 온 부랑자처럼
산등성이에 앉아 저무는 마을을 내려다본다
해안선을 따라 속속 항구로 들어오는
어선들처럼 조금은 수척해진 불빛을 데리고
집들이 마을로 돌아오기 시작한다
온종일 겨드랑이 깊숙이 품어두었던
매서운 풍파를 어둠 속에 풀어놓으며
흩어졌던 빛들 서둘러 촘촘해지는 저녁
어쩌면 오래도록 그리워하던 얼굴들이
저 아랫마을 어딘가에 있을 것만 같다
가끔 내 머릿속에서 행성으로 떠돌거나
오래 전 지구 반대편으로 날아갔다고 믿었던
별들, 어느 순간 문득문득 떠오르던 얼굴들이
오늘밤 기억의 창마다 환히 불을 밝힌다
아주 오랜만에 밝아지는 나의 포구
그 동안의 항해가 너무 길었던가
수심처럼 깊어진 눈으로
불빛을 세는 동안

아직 돌아오지 못한 발길을 위해
가로 등대가 깜빡깜빡 신호를 보내고 있다

바다묘지 가는 길

문득 할머니— 하고 부르면
조개무덤에서 할머니 걸어 나오신다
혹부리걸음으로
두리번두리번 조개 칼을 찾으신다
방금 전까지도 바지락을 까다 나오셨는지
퉁퉁 불어터진 손가락에서 배어나오는
바다 냄새, 할머닌 지겹지도 않으세요?
눈만 뜨면 조개봉분 하나씩 쌓아놓는
할머니를 볼 때마다
난 어떻게든 이 섬을 도망치고 싶은데
빠삐용처럼 바닷물에 몸을 던지고 싶어 죽겠는데
할머닌 맨날 조개나 까고 있을 건가요?
소리치며 손나팔을 불어댔지만
할머니 귓속의 방음벽과 방풍림을 뚫을 수가 없었다
먼 바다의 풍랑이 아버지를 삼켰을 때도
야윈 등판이 한 번 움찔거렸을 뿐
할머닌 가슴까지 고갤 묻고 조개를 까셨다, 다만
그날의 조개무덤은 그 어느 날보다 높았었다

수없이 마음의 섬을 쌓았다 허물었다 반복하는 동안
할머니의 등은 봉분처럼 굽어지고
갯메꽃이 파도를 치는 어느 날
당신은 미리 준비해둔 무인도로 황망히 떠나셨다

참회의 시간은 왜 꼭 마지막 순서에 있는 걸까

눈앞에서
화마火魔가 관짝을 덮쳤다

오랜 시위를 끝내고
나 이제 돌아왔는데
하필이면 오늘
어머닌 왜 가출을 하신 걸까

나무 타는 냄새만
빈 집에 가득

3

텅tongue 쇼크

당신은 지금 커버리지를 이탈하였습니다

비발디를 즐기던 그가 떠올라 소리샘을 연결하자 자동으로 거울 한가운데 있다고 자신의 위치를 알려왔다 귓속 가득 몰려오는 아드리 해안의 태풍을 등지며 그의 음성을 들으려고 애썼지만 그럴 때마다 금속성 잡음이 수신 회로를 차단했다 몇 번이고 재시도를 했으나 결과는 마찬가지, 그때나 지금이나 나를 방해하는 것이 어디 전파뿐이던가

얼얼해진 귀를 감싸고 알레그로 바 구석에 앉아 있다 그와의 마지막 밤처럼 가끔씩 입을 열어 뭔가 중얼거렸지만 역시 그날처럼 내 언어들은 트레몰로에 부딪히고 만다 유디타 길고도 먼 다리를 건너지 못하고 되돌아온 말들이 알레그로 바 유리창 가득 성에꽃을 피우고 있다

아침노을이 저녁노을에게

변산반도를 넘기 직전
노을은 제 몸에 불을 댕겼다
기름을 부은 듯 맹렬히 번져나가는
저 불길, 너를 향해 천리를 달리던
내 심장처럼 핏빛으로 타오른다
전신을 휘감으며 살 속 뼛속까지
황홀하게 스며드는 불의 기운

잘 익은 사랑이 탈 땐
저렇게 불티 하나 날리지 않는구나
사라지는 순간까지
처음 모습 그대로구나

천지를 물들이며 타오르는 저 노을처럼
나도 너의 하늘을 물들이고 싶은 적 있었지
한순간만이라도
너와의 경계를 허물며 활활 타오르고 싶었었지
언제나 너는 내 반대쪽으로만 흘렀으므로

내가 아침일 때 너는 곧 저녁이었으므로

이렇게 반도 끝까지 달려와
거침없이 불을 댕긴다 안으로부터
나를 이루었던 불씨들
씨의 씨앗까지 모조리 꺼내
마침내 꽃 한 송이 피워 올린다

아날로그 O. S. T.

희고 긴 그의 손가락이 내 몸을 터치할 때마다
나는 늘 불안했네
내 소리가 너무 낡은 건 아닐까
흘러간 노래처럼 식상해지면 어쩌나
걱정되어 밤잠을 설치곤 했네

이제부턴 통통 튀는 소릴 내야지
아주 민감하게 반응해야지
새롭게 맘먹으며
비의 랩소디를 연주할 땐 비음鼻音을 높였고
월광 소나타로 들어가면 달뜬 소리를 냈네
하지만 생각과는 달리
음이 갈라지고 색도 거칠고
연주가 끝났는데도 이미 막이 내렸는데도
신음처럼 떨리는 울림판, 수습하기 어려웠네
날로 날로 불안의 강도만 높아졌네

이젠, 안 되겠다

등을 보이며 그가 남긴 말
미완성 악보처럼 떠오를 때면
나도 모르게 목청을 가다듬네
아무데서나 끙끙거리며
헛기침하는 버릇이 생겼네

별자리 여행

부전리행 밤기차 안으로
별박이 세줄나비가 날아들었다
와— 별이다 별, 어린 외침에
끄덕끄덕 졸고 있던
좌석들이 눈을 뜨고
통로와 선반들이 덩달아 술렁거렸다

창밖은 이별처럼 깜깜했고
서울서부터 끈질기게 따라온
생각들, 차창에 크로키되는 밤

눈앞을 날고 있는 별을 보며
나도 잠시 밤나비가 된 듯
어둠 속을 날고 있을 때
막 터널을 빠져나가는 기차
중심을 잃고 달리다가
커브로 기우뚱거리다가
가까스로 내 안의 빛을 붙잡는

어느 순간, 가볍게
창밖으로 몸을 날리는
별 세줄나비

캄캄한 허공으로
가늘고 긴 터널이 뚫리고
잠시 후 베텔기우스 별자리가 촘촘해졌다

매 듭

굴다리시장 만능열쇠 가게에 가면 온갖 열쇠가 다 모여 있는데요 현관 열쇠 자동차 열쇠 큐빅처럼 반짝이는 자석이 스무 개나 박힌 금고 열쇠 줄줄이 매달린 열쇠 꾸러미들 말만 하면 뭐든지 다 열어줄 수 있다고 큰소리 뻥뻥 치는데요 그게 정말인가요 정말로 뭐든지 말만 하면 당장이라도 열어줄 수 있나요 그럼, 이런 열쇠 하나만 주세요 하루아침에 맘 닫혀버린 사람 데린쿠유의 돌문보다 무겁고 저 햄브릭 동굴의 쇠문보다도 차가워 도무지 열 수 없는 그 사람 마음 빗장 꽝꽝 질러놓고 붉은 녹물이 흘러내려도 꿈쩍 않는 그 사람 속시원히 열어줄 그런 열쇠, 없나요? 오랜 근심이 한꺼번에 풀리듯 서로의 몸이 맞닿는 순간 안과 밖이 환하게 열리는

그런 열쇠, 없나요?
그럼 지금 당장 나를 깎고 다듬어
안성맞춤 마스터키로 만들어 주세요

야간 비행

　부드럽게 허공을 차오르는 수양버들, 물오른 그녀가 리
듬을 탈 때마다 생잎향기 내게로 스미네 문득 오류선생이
떠오르고 한 잔 생각이 절로 나는 초저녁, 뿌리 아래서 길
어 올린 푸른 샘물로 머릴 감고 막 산책 나온 버들 여자, 물
결처럼 유연한 곡선을 감상하고 있다 보니 나는 또 문득 그
녀의 남자가 되고 싶네 새벽이 오기 전에 이슬이 내리기 전
에 저 여잘 납치해 이 지상을 탈출하고 싶네 이런저런 이유
로 발목을 잡는 것들아, 미안하지만 이젠 안녕! 깃털보다
가벼운 버들 날개옷을 입고 그녀와 함께 저 하늘로 오르겠
네 물속인 듯 구름속인 듯 지느러미 아프도록 저어 달나라
무릉도원으로 가겠네, 가서 달의 심장부 깊이 깊이 뿌리 내
리겠네

　이제 가볍게 몸 바꾸어 달 나무가 된
　그녀, 눈부신 가지에서 새처럼 잠들고 싶네
　이렇게 뿌리째 흔들리는 저녁이면

이중주를 듣다

세―타악 세―타악
바리톤 목소리가 아침 계단을 깨운다
이제 막 어둠을 빠져나온
벽을 흔들며 메아리가 올라온다
맑은 물로 헹구어낸 듯
투명한 목소리, 이른 아침마다
세― 하고 외치면
나도 모르게 탁― 하고
대꾸하게 되는 소리
내 집 앞을 지날 때면
문득 그를 부르고 싶다
반갑게 불러서
얼룩진 나를 맡기고 싶다
밤의 그을음으로 인한
자국과 머리칼에 엉겨붙은 먼지들
오래된 상처자국까지
말끔히 빨아내고 싶어서
석유 냄새가 나도록

드라이 크리닝하고 싶어서
아침마다 귀 기울이는 소리
세―타―악

사랑열 하우스

영하의 새벽 4시 태양열주택은 춥다 진공판에 저장되었
던 하루 햇빛이 바닥나
천장과 벽이 식어간다 내가 식어간다 싸늘해지는 기억처
럼 바람이 페달을 돌리며 골목을 지나가는

추운 새벽 점점 내가 식어간다 태양으로부터 너무 떨어
져 있었던 걸까 너를 위해 한 번도 따뜻해본 적 없는 내가
더욱 차가워지는 시간 무덤속같이 몸을 말고 어둠의 입자
를 품고 있다 보니 따뜻한 이름을 가진 것들 머릿속을 둥둥
떠다니다

반짝, 알전구처럼 네 이름에 불이 들어오고 오래 전 내게
보내왔던 너의 눈빛
겨울 햇살만큼 짧아 이미 바닥난 줄 알았던 그 눈빛 내
안 진공판에서
한 올 한 올 끄집어내다 보면 어느덧 온기가 돌기 시작한
다 실내 온도
36.5도를 웃돌아 바닥이 데워지고 벽과 천장이 훈훈해져

내일 아침이면 내 머리 위 옥상에서 꽃 몇 송이 피어날
것도 같다
　칼바람에 외벽 쩍 쩍 갈라지는 영하의 새벽 4시
　태양열주택에 누워 문득 너를 떠올리다 보면

텅tongue 쇼크

눈부신 압정을 보았어
압정에 찔린 나의 피
그만두자, 는
너의 말이 정곡을 찌를 때처럼
거침없이 흘러가던 구름이
구름 속의 새 떼가 사방으로 흩어지고
중심을 잃은 하늘이 머리 위에서 빙글빙글

그런 거니?
서로에 대한 익숙함을
지겨움이라고 말하고 싶었던 거니?

안심하고 있다가
느닷없이 찔려본 사람은 알지
온몸의 피가 한꺼번에 몰리면서
귀가 멍멍해지는 그 느낌
고개를 꺾고
환부를 빨아본 당신이라면 백 번 공감하지

입안이 얼얼하도록
빨아내고 핥아내도
쉽게 가라앉지 않는
사랑의 파상풍

그리운 것들은 때로 중심을 잃게 만든다

한낮의 고요 속 탕, 하고 총성이 울리자

메아리처럼 숲에서 새 떼 날아오르고

깃털바람 속 기우뚱거리는 나무들

구름 속으로 사라져가는

날개 눈으로만 쫓다가

자기도 모르게

사랑이 날아간 쪽으로

기울어지는

숲

칼을 갈며 날을 세우며

칼 갈아요 칼!
칼 갈아요 칼!
확성기가 칼을 갈아 준단다
식도며 과도며 파도며
닳고 무디어진 거라면
뭐든지 날 세워준단다
그렇다면 이참에
무뎌진 내 마음도
확성기에게 맡겨볼까
시퍼렇게 파도 날 세워
사랑 그따위
단칼에 베어버릴까
칼 갈아요 칼
칼 갈아요 칼
확성기 소리에
목련꽃도
살점 한 잎씩 떼어
미련 없이 날려버리는데

수묵화 폴더

이태리포플러 아래에서
소나기가 지나가길 기다리네
한때 나를 숨겨주던 사랑도 저 이파리들처럼
손바닥이 터지도록 비바람 막아주었던 것인데
괜찮아, 괜찮아, 위로하며
제 몸 기울여주었던 것인데
난 그저 귓등으로 흘렸네
오늘같이 흠뻑 젖은 몸으로 뛰어든
내게 지붕이고 처마였던 잎가지들
후드득 후드득
폭우 속으로 날려 보내며
뿌리까지 홍건히 젖으며
속울음 삼켰던 것인데

내 마음의 연약지반구역

서해포구 월곶으로 들어가는 진입로처럼 내 마음에도 무르고 약한 땅이 있습니다 심장을 중심으로 반경 5cm지점은 언제나 진흙입자들로 덮여 있어 무게를 버티는 힘이 약하답니다 가끔 생각지도 못한 슬픔이 그 지점을 통과할 때는 강도 3.0 이상의 지진이 일어 전신이 흔들리기도 하고요, 한 번 내려앉은 지반을 복구하려면 상당한 시간이 걸린답니다 그럼요 한시라도 긴장을 늦출 수 없죠 자칫하다간 당신이나 나나 대책 없이 무너질 수도 있으니까요 그러니 당신, 나를 통과하려거든 마음 속도계를 조절해가며 아주 조심스럽게 접근해야 해요 물이 흐르는 대로 순순히 몸을 맡기는 나뭇잎처럼 당신과 나의 숨결이 맞닿아야 해요 그 순간만큼은 지나간다는 생각조차 내려놓은 채 한 호흡으로 지나가야 하는 내 마음의 습지, 그대가 무심히 던진 말 한마디에도 쉽게 무너져 내리는

4

그들 사이엔 보이지 않는 끈이 있다

눈 깊은 강

수면에 반사된 빛줄기가 눈을 찔렀다
찔린 눈 속으로 강물이 쏟아져 들어왔다
때마침 수심에 잠겨 있던
새와 나비구름까지 동공 너머로 흘러들었다
그러는 동안 눈꺼풀이 떨리고
가끔씩 이물질이 느껴졌으나
모래 같은 것이 스치기도 했으나
강가에 발을 들여놓은 이상
모래상처 따윌 두려워해선 안 된다고
생각했다, 수풀처럼
속으로만 흔들려야 한다고 생각했다
안 그러면
내 안으로 흘러들어온
새와 나비구름 모두
익사체로 둥둥 떠오를 것만 같아
통증을 견디며
눈조리개를 최대로 놓았다

한여름에 다시 보는 레미제라블

섭씨 40도를 오르내리는 길 한복판
콩벌레가 쫓기고 있네
태양에 몸을 숨긴 자베르에게
붙잡히는 날엔 그야말로 끝장!
온몸으로 뛰어 보지만
점점 포위망은 좁혀지고
길바닥마저 비틀거려
정신없이 헛발을 딛네
살려주세요, 콩콩
그깟콩따위다시는훔쳐먹지않을게요, 콩콩
제발한번만살려주세요, 콩콩
헛바닥 발바닥 불나게 달리다
타당! 돌멩이에 부딪치는 순간
귀신같이 몸을 말아
콩으로 변신하는 콩벌레
이제 벌레는 온데간데없고
푸른 콩 한 알 길바닥에 구르네
햇빛총알을 쏘며 끈질기게 뒤쫓아오던

자베르, 빛의 속도로 날 지나쳐
길모퉁이에서 커브를 트네
휴― 정말, 숨막힐 정도로
아슬아슬한 여름이었네

밤의 능선은 리드미컬하다

깊은 밤
희미하게 드러나는 능선을 바라보고 있으면
문득 어둠 속에서 보았던 그의 등이 떠오른다
멀리 나미브 사막으로부터 몰아온
뜨거운 바람을 한꺼번에 토해낸 뒤
모래구릉처럼 서서히 잦아들던 남자,
밑으로 흘러가는 강물소리 들으며
뿌리에서 길어 올린 물줄기로 등을 식히던
어두운 산맥, 구불구불한
그의 능선도 강 쪽으로 뻗어가고 있었다

깜깜한 골짜기에
제 그림자를 세워놓고

백팔꽃 기행

현금지급기나 컴퓨터 그리고 현관문까지
비밀번호만 누르면 간단히 열리는 세상에
아무 의심 없이
닫혀 있던 문들 척 척 열리는 세상에

만일 꽃들에게도 비밀번호 하나쯤 갖게 한다면
이제 막 돌 틈을 비집고 나오는 저 풀꽃,
메모리 칩에 108이란 번호를 저장해놓겠네

그리곤 아무도 모르게
꽃 속으로 들어가
속엣말을 나누며
꽃과 함께 여행하다가
꽃의 마음으로 사랑하다가

아예 난 백팔꽃의 비밀번호가 되겠네

프라이빗 아이

언제부턴가 난 그를 의식하게 되었지
지금까진 아무 때나 창문을 열어놓고 별짓을 다했지만
눈 주목 그가 점점 키를 높이고 마디마디를 늘여가며
내 방을 엿보고 있다는 걸 알고부턴 그를 경계했던 거야
생각해봐, 아무래도 신경 쓰이지 않겠어?
수상하다 생각되면 이중으로 문단속을 하고
꼼꼼하게 커튼을 쳤지, 불안했거든, 이상하게도 그런 날은
밤늦도록 창문 두드리는 소리가 들렸고 잠 속까지
툭, 툭 뿌리들 뻗어와 난 이파리처럼 뒤척였던 거야
말이 그렇지, 너라면 거슬리지 않겠어?
잠버릇은 그렇다 치고 몸 구석구석
심지어 나의 섹스패턴까지 줄줄이 꿰고 있다는 건데
끈질기게 따라붙는 파파라치나 스토커보다 어쩌면
그가 나에 대한 정보를 더 많이 갖고 있다는 건데
한마디로 쇼킹한 일 아니겠어?

저거 봐, 달 없는 오늘밤
그의 움직임이 또 심상치 않아

쉬잇!
바람을 재우는 몸짓도 그렇고
은밀하게 잎맥을 부풀리는
숨소리도 그렇고

이젠 눈빛만 봐도 단번에 알지
그 꿍꿍이속 맑은지 흐린지
서로 빤하지, 그나 나나
한 번지에 뿌리내리고 산 게 얼만데

삼투압

실험실 액침표본 생물처럼
대추들이 에틸알코올에 잠겨 있다
쪼글쪼글하던 주름을 펴며
유리병 가득 붉은 빛을 풀어놓는다

숨쉬는 것들이 바닥에 웅크리고 있다는 건
그만큼 역류의 시간이 많았다는 뜻
허풍과 거품을 게워내며
수없이 가라앉는 연습을 했다는 증거

열매들은 이제 주름 속에 접어두었던
바람과 햇살을 풀어놓는 대신
뼛속 깊이 알코올을 흡수하고 있다
문득 기억을 일깨우듯
손끝으로 유리병을 두드리자
동글동글 눈을 뜨는 대추들
유리를 통과한 붉은 빛이
내게로 스미고

생목의 기억과 함께
탱탱하게 부풀어오르는 한 시절

풀무치 관음

정토사 오르는 언덕
흙더미 속에서 풀무치 알집을 보았다
보리껍질처럼 납작해진
알집이 붉은 흙을 움켜쥐고 있다
한바탕 회오리가 지나간 걸까
아기집 앞을 기웃거리던
바람이 토방 문턱을 넘으려다
슬그머니 발길 돌리는 이른 봄
햇살 시리도록 언덕에 앉아
흙의 알갱이를 세다 보면
비로소 가벼워진 풀무치 껍데기,
저의 내부에서 오랫동안 꿈틀거리던
꿈 한 마리 훨훨 날려 보낸 뒤
눈과 귀 모두 제 주름 속에 집어넣고
마침내 흙으로 돌아가는
어머니가 보인다

해당화, 어둠 속에 붉게 피어

캄캄한 밤 컴퓨터 모니터에 활짝 핀 해당화를 클릭하면
왜 갑자기 파도소리가 들려오나 몰라, 붉은 잎에서 반사된
빛의 알갱이들 망막 안쪽으로 밀려들면서 차르르 차르르
모래 퍼붓는 소리 지겹게 들려오나 몰라, 밤만이라도 좀 조
용히

있고 싶은데 어둠과 친해지고 싶은데 끈질기게 들려오는
소리, 소리들 귀를 틀어막고 싶지만 윈드서핑은 유일한 나
의 취미, 흠뻑 젖도록 파도를 타다가 창을 닫고 커튼도 내
리고

배꼽 위에 두 손 가지런히 얹고 누워 소리의 파장을 따라
가다 보면
어느덧 해변가 모래 속 해당화 질긴 뿌리에 가 닿을 것
같은

물구나무 지도

실핏줄 뿌리마다 흙의 살점을 앙물고
조경원 앞에 물구나무가 쓰러져 있다
시들한 낯빛으로
그는 찬찬히 저의 하체를 살핀다
난생 처음 들여다보는 제 아랫도리
그렇지 않아도 늘 궁금했었다
음습한 지하에서
제대로 뿌리 뻗고 있는지
어디 벌레구멍이라도 뚫려 있는 건 아닌지
한 번쯤 확인해 보고 싶었었다
볕 좋은 날 완전히 나를 드러내놓고
콘크리트 숲 사이로 인파 사이로
어지럽게 뻗어나가야 했던
뿌리, 하루쯤 보송보송하게 말리고 싶었었다
잠시 유체 이탈한 영혼이 제 몸뚱이를 내려다보듯
후생의 어느 길목에 앉아 전생의 나를 돌아보듯
조금은 쓸쓸한 눈빛으로 더듬어 보는
몸 속의 길, 지나온 시간만큼 아득해라

눈꺼풀이 내려앉는 어스름
바람이 정신을 몰아갈 때마다
내 몸에서도 진이 빠져나가는지
자꾸만 아랫도리가 시려 온다

실크 로드

갯벌을 걷는다
그물 무늬 털게를 따라
내 발자국을 보태며 간다
갯구릉을 넘고 모래밭을 지나
삐뚤삐뚤 이어지는 길
일직선으로 뻗어나가다가
어느 지점에 이르러선
부드럽게 휘어지기도 한다
갯벌의 한낮은
머리를 쪼아대는 고통이거나
발바닥에 달라붙는 슬픔 같아서
걷다 보면 목이 잠길 수밖에 없다
목구멍 깊숙이
구부려 넣어야 할 것들이 많아서일까
잠시 이정표처럼 서서
뒤돌아보는 시간

뻘 사막에선
발자국 한 점도 길이 된다

그들 사이엔 보이지 않는 끈이 있다

어두웠지만 둥근잎느티나무는 한눈에 알아보았습니다 밤배처럼 출렁출렁 다가오는 사내를 보자 반색을 하며 둥근 잎을 흔듭니다 그러자 사내도 아는 체하며 팔을 흔들어 보이고는 무슨 보물을 꺼내듯 지퍼 속에서 자기를 꺼내 둥근잎느티와 제 아랫도리를 번갈아 적십니다 몸서리를 치며 저 밑바닥으로부터 끌어올린 오줌줄기로 너도 젖고 나도 젖고 두루두루 흥건해지는 밤, 담장을 따라 수두룩하게 서 있는 나무들 다 제쳐놓고 번번이 어린 느티에게로 와 서슴없이 몸을 여는 사내 쑥, 쑥 잘 커야지 이놈아! 혀 감기는 소리 들을 때마다 어쩌면 저이가 내 전생의 뿌리가 아니었을까 먼 먼 시간을 거슬러 올라가면 맨 처음 강이 시작되는 곳에서 서로 만나는 게 아닐까, 골똘히 생각하다가 얼른 팔을 뻗어 사내를 부축하는 것이었습니다 달빛 기울고 풀벌레소리도 잦아드는 담장 아래, 어린 느티와 사내가 서로 끌어안고 비틀거리다 마침내 한 몸으로 기울어지는 것이었습니다

내가 잠든 사이 꽃은 피고

싱크대 배수구를 청소하다가
노란 싹을 보았네
새끼손톱만 한 이마를 밀고 올라오는
피마자콩, 맵고 짠 물을 먹고 자라
가시처럼 억세진 뿌리
뻗어서 뻗어서 땅 속까지 닿겠네
머지않아 샛노란 피마자꽃
펑펑 피워 올리겠네

아, 이제야 알겠네
깊은 밤
나를 깨우던 그 소리
무슨 신호처럼 똑, 똑
수돗물이 떨어지던 그 이유를

사막과 물의 변주

엄 경 희 | 문학평론가

불모성에 대한 인식은 메마름이라는 감각경험으로부터 시작된다. 메마름은 생명적 자양이 유기체로부터 빠져나 갔음을 뜻하는 것이다. 그런 의미에서 메마름에 대한 자각은 결핍에 대한 자각이라 할 수 있다. 결핍은 충족을 향한 욕망의 출구이면서 동시에 욕망이 채워지지 않았을 때 더 많은 결핍을 충동하는 부정의 에너지로 변하기도 한다. 문세정의 시적 상상력은 이 같은 메마름으로서 결핍을 자신의 존재조건으로 인식하는 가운데 전개된다. 그의 시에서 자주 발견되곤 하는 부재하는 사랑에 대한 갈망 또한 이와 같은 존재조건의 징표로 읽힌다. 중요한 것은 메마른 존재와 메마른 존재조건이 상보적이라는 점이다. 존재의 내부와 외부가 상호침투함으로써 삶의 형식과 내용을 구조화하는 것이다. 문세정에게 세상은, 더 정확히 말해 도시는 불볕이 내리꽂히는 사막의 공간으로 각인된다.

물 속같이 조용한 도심 한복판에서
추억처럼 한 장 한 장 꺼내 먹는 식빵
햇볕에 구워지는 대로 한 쪽씩 떼어 주고 싶은,
먹으면 먹을수록 헛헛해져 자꾸 손이 가는 맛
참을 수 없어, 아무렇게 주저앉아 빵을 먹다 보면
손톱 밑에 낀 땟국처럼 얼룩진 시간이 씹히기도 하고
잃어버린 집을 떠올릴 때마다 모래알이 자금거렸지
늘어뜨린 머리카락 사이로 불화살이 꽂히는 사막도시,

── 「서울에 사는 플라워 피플」 부분

불화살이 꽂히는 사막도시에 주저앉아 식빵을 씹는 행위
는 풍요로운 충족이나 포만의 기분보다는 고통스러운 존
재의 몸짓으로 전달된다. 수분이 제거된 불의 공간에서 행
해지는 이 식욕의 충족이 오히려 목마름과 목메임의 감각
을 극대화하기 때문이다. 목마름과 목메임에 화자는 몰입
되어 있다. 이때 소음으로 가득한 도심 한복판이 "물 속같
이 조용한" 진공상태로 변한다. 자동차와 행인을 자신의
감각으로부터 지워버릴 수 있음은 그가 오직 식빵을 탐식
하는 데 헌신하고 있기 때문이다. 그러나 그의 탐식은 "먹
으면 먹을수록 헛헛해"지는 결핍으로 향해져 있다. 그에게
식빵먹기는 현존이 아니라 과거로의 이행을 의미한다. 추
억, 얼룩진 시간, 잃어버린 집과 같은 시어가 암시하고 있
듯이 그에게 식빵먹기는 지나간 시간을 떠올리는 행위인

것이다. 즉 과거의 시간이 그에게는 목마름이면서 목메임
이라 할 수 있다. 따라서 이 시에서 식빵먹기는 결핍의 충
족이 아니라 현재의 결핍을 씹는 역설적 행위가 된다. 목마
름과 목메임이 한 존재의 삶을 압도할 때 존재는 수분을 잃
고 부서진다.

귀가 후 모래옷을 벗는다
모래외투 모래브래지어 모래팬티까지
모조리 벗고 나자 방바닥은 온통 모래투성이
하루 끝에 묻어온 모래 먼지바람 눈이 따갑다
맨몸이 되어서도 모래는 계속 쏟아진다
발걸음을 옮길 때마다
귓속에서 목구멍에서 머리카락 사이에서
끊임없이 쏟아져 키를 넘긴다

내 방은 곧 사각의 모래무덤이 되고
나는 갇힌다, 미라처럼 갇혀서
모래 흐르는 소리 듣고 있는데
들릴 듯 말듯 이어지는 웅얼거림
가만히 실눈을 뜨고 보니
모래알갱이 틈에 사람들이 숨어 있었다

늦은 귀가길

지하철에서 골목에서

모래 틈에 묻어온

어디서 본 듯한 그들

　일본 작가 아베코보의 소설 『모래의 여자』를 모티브로 삼고 있는 이 시는 반죽되지 않는 모래의 이미지를 통해서 비존재의 상태에 이른 인간의 비애를 드러낸다. 문세정의 또 다른 시 「압축파일을 풀다」에서 이는 수분이 사라진 '톱밥' 의 이미지로 변형되어 나타나기도 한다. 외투와 맨몸에서 쏟아지고 흩어지는 모래의 이미지는 존재가 해체되어 가는 과정이라 할 수 있다. 마침내 모래인간은 끊임없이 쏟아져 "사각의 모래무덤"으로 전이된다. 이는 자신이 곧 무덤이라는 논리를 만들어낸다. 스스로가 무덤이 된 자야말로 구원받을 가능성으로부터 가장 멀리 떨어져 있는 자이다. 스스로 모래무덤의 빗장을 열지 않는 이상 그는 미라와 같은 존재 상태를 계속 견뎌야 할지도 모른다. 문세정의 시에서 간혹 발견되는 상자(「상자 이미지」), 지하 월셋방(「시끄러운 손님」), 골방 골목 골짜기(「음지식물」) 등의 공간 이미지 또한 이 같은 유폐의식과 연관된다. 그러나 이 고립의 심연 속에 "어디서 본 듯한 그들" 이 숨어 있다는 사실은 문세정의 유폐의 심리에 아직은 창이 뚫려 있음을 의미한다. '그들' 이 이 시인에게 고통의 대상이든 아니면 그리움의 대상이든, ‘그들’이 개입되어 있다는 것은 시인이 타자와의 접속 욕망을 완전히 차단하지 않았음을 의미한다. 이 시집에서 모래나 사막의 맥락과 의미론적으로 대응되는 ‘물’의 맥락이 전개되는 까닭이 여기에 있다.

> 깊은 밤
> 희미하게 드러나는 능선을 바라보고 있으면
> 문득 어둠 속에서 보았던 그의 등이 떠오른다
> 멀리 나미브 사막으로부터 몰아온
> 뜨거운 바람을 한꺼번에 토해낸 뒤
> 모래구릉처럼 서서히 잦아들던 남자,
> 밑으로 흘러가는 강물소리 들으며
> 뿌리에서 길어 올린 물줄기로 등을 식히던
> 어두운 산맥, 구불구불한
> 그의 능선도 강 쪽으로 뻗어가고 있었다
>
> 깜깜한 골짜기에
> 제 그림자를 세워놓고
>
> ──「밤의 능선은 리드미컬하다」 전문

뿌리 아래서 길어 올린 푸른 샘물로 머릴 감고 막 산책 나온 버들 여자, 물결처럼 유연한 곡선을 감상하고 있다 보니 나는 또 문득 그녀의 남자가 되고 싶네 새벽이 오기 전에 이

슬이 내리기 전에 저 여잘 납치해 이 지상을 탈출하고 싶네
이런저런 이유로 발목을 잡는 것들아, 미안하지만 이젠 안
녕! 깃털보다 가벼운 버들 날개옷을 입고 그녀와 함께 저 하
늘로 오르겠네 물속인 듯 구름속인 듯 지느러미 아프도록
저어 달나라 무릉도원으로 가겠네, 가서 달의 심장부 깊이
깊이 뿌리 내리겠네

──「야간 비행」부분

　밤은 환幻과 실재 사이의 경계가 희미해지는 꿈의 시간
이라 할 수 있다. 인용한 두 편의 시는 모두 밤을 배경으로
한다는 점에서 공통적이다. 이제 "불화살이 꽂히는 사막도
시"(「서울에 사는 플라워 피플」)에도 휴식의 시간이 찾아
온 것일까? 시인은 불의 시간에서 물의 시간으로 외출한다.
시 「밤의 능선은 리드미컬하다」에서 화자는 강 쪽으로 뻗
어가는 거대한 능선의 '물결'을 본다. 그런데 이 능선의 물
결이 '모래구릉'의 이미지와 겹쳐 있음에 주목할 필요가
있다. 문세정의 사막능선이 대낮의 열을 식히며 물결이 되
고 있는 것이다. 시 「야간 비행」에서 화자는 지느러미를 단
물고기의 이미지로 묘사된다. "푸른 샘물로 머릴 감고 막
산책 나온" 버들과 밤하늘을 헤엄치는 이 지느러미의 화자
는 지상에서 탈출해서 '달나라 무릉도원'의 심장부에 뿌
리내리길 갈망한다.
　이 같은 '물'에 대한 집착은 문세정의 시에서 가장 빈번

하게 반복되곤 한다. 예를 들어 잠든 사이 싱크대에서 맵고 짠 물을 먹으며 노란 싹을 틔운 피마자 콩(「내가 잠든 사이 꽃은 피고」), 어두워진 저녁 어린 느티를 오줌줄기로 적시는 사내(「그들 사이엔 보이지 않는 끈이 있다」), 캄캄한 밤 모니터 속 해당화에서 들려오는 파도소리(「해당화, 어둠 속에 붉게 피어」) 등이 그것이다. 이 시편들은 「밤의 능선은 리드미컬하다」, 「야간 비행」과 마찬가지로 모두 어둠이나 밤을 배경으로 한다는 점에서 공통적이며 아울러 뿌리, 버들, 콩, 느티, 해당화 등 식물 이미지를 동반한다는 점에서도 공통적이다.

물론 물과 관련한 시편들이 모두 이와 같은 공통점을 지닌 것은 아니다. 그러나 이러한 우연의 반복은 시인의 지향과 상상 구조를 읽게 하는 단서가 된다. 여기에는 일차적으로 자신의 메마른 존재상황에 생명적 물기를 주고자 하는 의식지향이 담겨 있다. 더불어 모래처럼 흩어지고 쏟아지는 존재상황을 막기 위해 시인은 물기를 머금은 뿌리(식물)의 이미지를 존재의 형상으로 끌어오는 것이다. 그런 의미에서 뿌리에서 길어 올린 물줄기로 등을 식히던 남자, 달의 심장부에 뿌리를 내리고 싶은 무릉도원의 꿈 등은 모두 물과 흙과 뿌리가 하나로 엉킨 견고한 존재의 형상에 대한 지향으로 해석할 수 있다. 이 행복한 결합은 그러나 밤에만 이루어진다. 다시 말해 밤의 몽상으로만 가능한 것이다. 어둠이 걷히면 행복한 물의 몽상은 증발하고 불볕의 도시사

막을 시인은 모래인간이 되어 다시 걸어야 한다. 이 같은 의미맥락에서 본다면 문세정의 물에 관한 몽상은 목마름과 목메임으로 이루어진 사막에서의 '식빵먹기'와 동일한 의미를 지닌다. 그는 그리운 물의 세계 때문에 목마르고 목메인다. 그런 가운데 우리의 시간이 흘러가는 것일까?

노인이 염전 수레바퀴를 밟아 돌리고 있다
등이 휠 때까지
제자리에서 걸어온 길을 계속 되밟는다
먼 산을 보며 발을 놀려도 노인은 잘 안다
바퀴의 몸 어디쯤 상처가 있는지
어느 뼈가 휘어졌는지 눈감고도 훤하다
굳이 무슨 말이 필요하나
관절 꺾이는 소리 자주 들리고부터
바퀴 돌아가는 속도가 느려지고 있다

소금 사막에서 산다는 것은 곧 속도를 조절하는 일

느릿느릿 노인이 끌고 온 길이 바퀴 속으로 감기고
거품을 일으키며 짠물을 토해내던
수레가 어느 순간부터 노인의 발을 돌리고 있다

퉁퉁 불어터진 상처를 피해가며

노인을 태운 수레바퀴가 노을 속으로 굴러가고 있다
─「회중시계」전문

　인용한 시는 "소금 사막"을 걷는 어느 노인의 일생을 압축적으로 묘사한 작품이다. 소금 사막에서 낡아버린 한 존재의 일평생이 노을 지는 염전을 배경으로 쓸쓸하고 허무하게 전달된다. 시인은 이 낡음의 과정을 "제자리에서 걸어온 길을 계속 되밟는다"고 진술한다. 살아가는 일이 결국은 이같이 제자리를 반복하는 일일지도 모른다. 상처 속에서 짠물을 토해내며 사라져가는 시간의 수레바퀴! 사막에서 온통 모래투성이가 된 몸을 털어내는 동안 존재의 시간은 멈추지 않고 흘러갈 것이다. 밤의 몽상을 밀고 달의 무릉도원을 찾아가는 동안에도 시간은 어디론가 쏟아져가고 있을 것이다. 모든 존재는 시간의 수레바퀴 속에 제 시간을 감아 넣는 일을 멈출 수 없다. 현실과 꿈 사이에서 목마름과 목메임을 반복하면서 갖게 되는 이 같은 시간인식은 인간존재의 본질적 존재방식에 관한 물음을 내포한다는 점에서 매우 중요한 사유의 계기점으로 작용할 가능성이 크다. 시간인식의 문제가 이 시집에서 아직 큰 비중을 차지하고 있진 않지만 앞으로 사막과 물에 대한 대립적 사유의 길항을 조절하는 동력이 될 것이라 여겨지기 때문이다.
　문세정의 시는 물, 불, 흙(모래) 등 원소적 상상력에 기반

한다. 그의 내적 드라마는 이 원소들의 부조화가 균형을 향해 가려는 움직임에서 비롯된다. 사막 속에서 흩어지고 쏟아지는 존재의 해체를 막기 위해 시인의 상상력은 '물'의 세계로 나아간다. 물과 불과 흙의 견고한 결합을 이루는 '뿌리'의 시간이 그가 지향하는 존재의 상태인 것이다. 그러나 그는 여전히 사막과 물로 이분화된 세계를 오가며 목마르고 목메인다. 밤의 몽상 속에서 탄생하는 물줄기들을 어떻게 저 불볕의 사막에 잇대어 놓을 것인가? 튼튼한 물관을 뿌리박는 시의 시간을 그가 예비하리라 기대한다.

문세정 시인
인천 출생.
경기대학교 문예창작학과 졸업.
2005년《시인세계》로 등단.

예수를 *리메이크하다*
문세정 시집

•

초판 1쇄 발행일   2008년 1월 28일

•

지은이 · 문세정
펴낸이 · 김종해
펴낸곳 · 문학세계사

•

주소 · 서울시 마포구 신수동 345-5(121-110)
대표전화 · 702-1800, 팩시밀리 · 702-0084
mail@msp21.co.kr   www.msp21.co.kr
www.seein.co.kr(계간 시인세계)
출판등록 · 제21-108호(1979.5.16)

•

값 6,000원
ISBN 978-89-7075-418-5   03810
ⓒ문세정, 2008

＊이 시집은 2007년 경기문화재단의
문예진흥기금을 받아 제작되었습니다.